NATIONAL GEOGRAPHIC

Peldaños

Vivir en el DESIERTO

Comunidades en las que vivimos

Plantas espinosas

por Nathan W. James

Hay lugares en el mundo donde casi nunca llueve y el agua es escasa. Se llaman **desiertos**. Un desierto recibe poca lluvia por año. La mayoría de los desiertos son bastante calurosos, sin embargo, muchos seres viven allí. Un tipo de planta crece bien en el desierto: el **cactus**.

> Este es el desierto de Sonora, en Arizona. En este desierto crecen muchos tipos de cactus. Algunos tienen un tallo grueso y recto. Otros tienen forma de barril. Unos tienen almohadillas planas con forma de hojas. Estas almohadillas pueden parecer el extremo ancho del remo de un bote.

Si alguna vez has tocado un cactus, sabes que no es como otras plantas. Tiene una cobertura cerosa que le ayuda a almacenar agua. Los cactus están compuestos principalmente por agua. Muchos cactus tienen espinas afiladas en su tallo en lugar de hojas. Las espinas protegen a los cactus de los animales que pueden hacerles daño. Los animales no quieren pincharse con las espinas puntiagudas. Algunas criaturas astutas han aprendido a evitarlas para llegar al agua que hay dentro del cactus.

Los sedientos animales del desierto a veces rasgan un cactus para comer su interior acuoso. Estos animales evitan cuidadosamente las espinas. Luego escarban a través de la cubierta cerosa. En un día abrasadoramente caluroso, se esforzarán mucho para disfrutar de un trozo fresco de cactus.

Un pájaro carpintero de Gila hace un hueco en un cactus saguaro. Adentro, hace su nido. Los búhos pequeños y otros animales pueden mudarse allí después de que el pájaro carpintero lo abandona.

Tan alto como una casa

Los cactus les brindan a los animales del desierto más que alimento y agua. No hay muchos árboles en los desiertos. Las aves deben hallar otros lugares para construir sus nidos. Algunas aves, como el pájaro carpintero de Gila, hacen agujeros en los cactus con su pico. Un agujero en un cactus es el lugar perfecto para que un pájaro carpintero anide.

Otras aves viven en saguaros. El saguaro es lo que la mayoría de las personas imaginan cuando piensan en un cactus. Probablemente los hayas visto en caricaturas. Los saguaros solo crecen en el desierto de Sonora. Ese desierto se extiende desde el oeste de los Estados Unidos hasta México. Es el cactus más alto de los Estados Unidos. Puede crecer más que una casa de un piso. Tiene "brazos" doblados que crecen desde un tallo central alto.

Al saguaro generalmente comienza a crecerle una rama al costado cuando tiene 50 a 70 años de edad. Puede parecerte viejo, pero para un saguaro, es joven. ¡Estos altos cactus pueden vivir hasta 200 años!

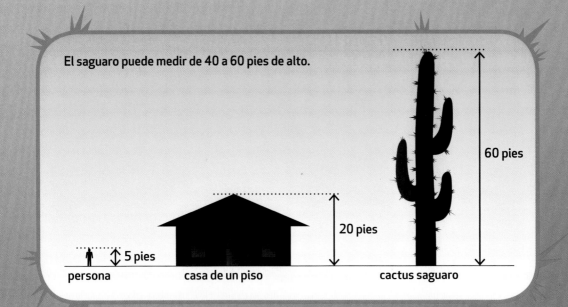

El saguaro puede medir de 40 a 60 pies de alto.

60 pies

20 pies

5 pies

persona   casa de un piso   cactus saguaro

Cactus para el almuerzo

El saguaro vive en un solo desierto, pero el nopal crece en desiertos de todo el mundo. Los nopales son más bajos que los saguaros. Crecen hasta siete pies de alto, o un poco más que un hombre adulto. Es otra planta del desierto que sirve de hogar para animales y aves pequeñas. Sus almohadillas y espinas gruesas protegen a los nidos de las aves de sus enemigos.

Los nopales son un buen alimento para las personas (sin las espinas, por supuesto). Las personas cocinan y comen las almohadillas del nopal. Primero, se quitan las espinas de las almohadillas planas con forma de

Los granjeros cosechan nopales y los llevan a los mercados.

hoja. Luego, las almohadillas se asan y se sirven como un bistec. Saben parecido a los frijoles verdes.

El fruto del nopal parece una pera con espinas pequeñas. Cuando el fruto está maduro, es de color rojo brillante. Puede cortarse por la mitad y comerse como un melón. Muchas personas usan los frutos para hacer mermeladas y jaleas. Saben parecido a las gomas de mascar de sandía, y te dejan la lengua roja.

> ensalada de nopales

Esta mujer limpia almohadillas de nopales en un mercado. Usa guantes para asegurarse de que no se pinchará con las espinas. Las espinas son pequeñas y es difícil verlas.

Compruébalo ¿Por qué los cactus tienen una cubierta cerosa y espinas en lugar de hojas?

Lee para descubrir cómo viven algunos animales en el desierto caluroso y árido.

COLONOS
DE LA ARE

por Jennifer A. Smith

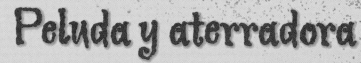

Peluda y aterradora

Un desierto es un lugar difícil para vivir. Puede hacer mucho calor durante el día y mucho frío durante la noche. Llueve poco, pero a pesar de estas duras condiciones, muchos animales viven en el desierto. Veamos cómo se han **adaptado** estos animales a vivir en el desierto. ¿Cómo está diseñado su cuerpo para sobrevivir en este lugar caluroso y árido?

La tarántula es una araña muy grande y peluda. Vive en los desiertos de los Estados Unidos y México. Durante el día, la tarántula duerme en una **madriguera**, que es un agujero que se cava en la tierra. De día es mucho más caluroso que de noche en el desierto. La tarántula evita el calor durmiendo durante el día. Y como su madriguera está bajo tierra, permanece más fresco allí.

La tarántula caza su alimento de noche, cuando las temperaturas descienden. Como otras arañas, la tarántula come principalmente insectos. Sin embargo, no teje redes. Atrapa su alimento abalanzándose sobre él. ¡Afortunadamente, el desierto está lleno de insectos para comer!

❮ Las tarántulas saben cuando otros animales están cerca. Sienten pequeños movimientos a través del suelo y el aire.

El caballo del desierto

Los camellos han ayudado a los seres humanos a transportar cargas pesadas a través de los desiertos durante miles de años. La mayoría de los camellos tienen una joroba, pero algunos tienen dos. Se llaman camellos bactrianos. Viven en los desiertos de Asia. Estos desiertos son muy calurosos en verano y muy fríos en invierno.

Muchos creen que los camellos usan su joroba para almacenar agua. En realidad, los camellos almacenan grasa en su joroba. Su cuerpo usa esa grasa como energía cuando es difícil encontrar alimento.

▽ Estos camellos bactrianos cruzan un desierto en China.

Los camellos se han adaptado para sobrevivir por mucho tiempo sin alimento y agua. Esto les permite vivir en climas **áridos**, o secos. Los camellos bactrianos pueden sobrevivir con el agua que obtienen cuando comen hierbas que crecen en el desierto durante el invierno.

Al igual que los camellos que tienen una joroba, los camellos bactrianos tienen fosas nasales que pueden cerrarse herméticamente. Eso mantiene la arena que sopla en el desierto lejos de su nariz. A los camellos bactrianos les crece una gruesa capa de pelaje que los mantiene abrigados en los inviernos fríos del desierto. Cambian el pelaje cuando llega el verano, así que no sufren mucho el calor.

Los camellos bactrianos tienen dos hileras de pestañas largas. Las pestañas les protegen los ojos de la arena que sopla.

Hecho para vivir en el desierto

La rata canguro es un **roedor**. Vive en los desiertos áridos de los Estados Unidos, Canadá y México. Un roedor es un animal pequeño que tiene dientes delanteros grandes para masticar. Los ratones y las ardillas son roedores. La rata canguro se ha adaptado a la vida en el desierto. Sus patas traseras grandes la ayudan a saltar rápidamente a través de la arena del desierto.

¡La rata canguro casi nunca bebe agua! Obtiene el agua que necesita al comer semillas de plantas del desierto. Ese comportamiento la ayuda a vivir en el desierto.

⌄ Esta rata canguro se asoma de su madriguera.

Al igual que la tarántula, la rata canguro excava una madriguera en el suelo. La madriguera protege al roedor del calor del desierto. La rata canguro sale de su madriguera de noche para buscar semillas. Las recolecta en sus mejillas y luego las lleva a la madriguera, donde las almacena. Si el desierto se pone muy caluroso, o si llega una tormenta, la rata canguro tendrá suficiente alimento almacenado en su madriguera para varios días.

Las ratas canguro tienen muchos depredadores, o animales que las cazan como alimento. Pero tienen un oído excelente que las ayuda a mantenerse a salvo. Escuchan con atención para detectar animales como los búhos, que vuelan en silencio por encima de ellas. Entonces, pueden escapar a su madriguera antes de que sea demasiado tarde.

< Las ratas canguro no sudan. Eso significa que su cuerpo conserva mucha agua.

Un monstruo del desierto

El monstruo de Gila no es un monstruo. Es un lagarto grande. Vive en los desiertos de los Estados Unidos y México. Puede crecer hasta casi dos pies de largo y puede pesar hasta cinco libras.

El monstruo de Gila obtiene agua del alimento que come. Come los huevos de las aves del desierto y animales pequeños. Así como un camello almacena grasa en sus jorobas, el monstruo de Gila almacena grasa en su cola. Puede estar meses sin comer, viviendo de su grasa almacenada.

Al igual que la tarántula y la rata canguro, el monstruo de Gila vive en una madriguera. Pasa casi todo su tiempo allí, lejos del calor del desierto. De vez en cuando sale a cazar o calentarse al sol.

Aunque los monstruos de Gila tienen una mordida venenosa, solo la usan contra los enemigos que los amenazan. Realmente no son peligrosos para las personas.

La piel del monstruo de Gila tiene patrones anaranjados, amarillos o rosados. Los colores les indican a los animales que el monstruo de Gila es venenoso.

Compruébalo Indica cómo uno de los animales sobre los que leíste se ha adaptado a la vida en el desierto.

Amigas por correspondencia

por Nathan W. James

Hay desiertos en todo el mundo. Algunos son calurosos, otros son fríos. Pero todos son áridos. Conoce a dos estudiantes que viven en comunidades del desierto. Sigámoslas mientras se escriben por correo electrónico sobre el lugar donde viven.

Hola, Aya:

¡Saludos desde la ciudad de Tucson, Arizona! Me llamo Elena y tengo 9 años. Arizona es un estado de los Estados Unidos que tiene desiertos. Mi maestra me enseñó que el oasis de Siwa es un desierto en el país de Egipto. ¿Podrías contarme sobre el lugar donde vives? ¡Me alegra que nuestros maestros planearan que nos escribiéramos por correo electrónico! Te envío una foto de mi perro y yo y una foto de mi casa.

¡Adiós! Elena

2821

Hola, Elena:

¡Yo también tengo 9 años, y estoy contenta de escribirte! ¿Cómo se llama tu lindo perro? 😉

Adjunté fotos de mi hermanito Omar y yo y el oasis de Siwa. Un **oasis** es un lugar sorprendente. Tiene muchas plantas y agua, aunque está en el medio del desierto. El oasis de Siwa está en el Sahara, un desierto que ocupa la mayor parte de mi país, Egipto.

Aquí hace calor la mayor parte del año y llueve muy poco. Pero se pone frío en invierno, hasta 48 °F. Cuando hace mucho frío, a Omar y a mí no nos gusta jugar afuera.

¡Vuelve a escribirme! Aya

¡Hola, Aya!

Mi perro se llama Trueno. Lo encontramos durante una tormenta eléctrica, así que es un buen nombre. Aquí llueve y hay muchas tormentas durante la temporada de **monzones**. Un monzón es una tormenta ventosa y torrencial. Aquí en Tucson, la temporada de monzones comienza en junio y puede durar hasta septiembre. A veces siento que uso mis botas para la lluvia todo el verano. El resto del año es bastante caluroso y árido. En la foto que te envío puedes ver que a Omar y a ti tampoco les gustaría jugar afuera durante la temporada de monzones. 🙁

¡Te escribo pronto! Elena

Hola, Elena:

La foto que me enviaste del monzón es atemorizante. No suele haber tormentas eléctricas en el oasis de Siwa. De hecho, aquí casi nunca llueve, pero durante los días ventosos, la arena sopla en nuestra cara desde todas las dunas de arena del desierto cercano. Las dunas de arena son montañas de arena que se trasladan con el viento.

A veces, debemos cubrirnos la boca con nuestra ropa para no respirar la arena que sopla. A Trueno y a ti no les gustarían los días ventosos que hay aquí.

¡Espero que me escribas pronto! Aya

Hola, Aya:

¿Qué tipo de comidas comen en Egipto? ¿Tienes una comida favorita? Los tacos son mi comida favorita. Son tortillas (un tipo de pan plano) lleno de carne condimentada. Todos los sábados en la noche, mi familia compra tacos de mi restaurante favorito (fíjate en mi foto). Siempre le doy un poco a Trueno. ¡Los tacos también son su comida favorita!

Me escribiste que en tu ciudad no llueve mucho. Entonces, ¿de dónde proviene el agua que beben? La mayor parte de nuestra agua proviene de un río que está a muchas millas. Aquí intentamos no usar demasiada agua.

¡Hasta luego! Elena

Querida Elena:

Obtenemos el agua de **manantiales**, que son lugares donde fluye agua dulce en las profundidades del suelo. Hay manantiales por todo el oasis de Siwa. El agua de manantial hace que nuestro oasis sea bello, ya que ayuda a que crezcan árboles y plantas.

Los tacos de tu foto se ven deliciosos. Ojalá el oasis de Siwa tuviera un restaurante de tacos, así los probaría. En Egipto comemos muchos tipos de alimentos. Mi comida favorita es el *falafel,* que se hace con garbanzos molidos, con ellos se hacen albóndigas que se fríen. Mi mamá hace pan para envolver el *falafel,* y se parece un poco a los tacos. ¡Ojalá pudiera enviarte algunos por correo electrónico!

Este es mi papá en una cena con *falafel.* Ayudé a mamá a hacer la cena para celebrar la victoria del equipo de fútbol de Omar. Al fútbol le dicen "soccer" en los Estados Unidos, ¿verdad? ¿Practicas algún deporte?

¡Escribe de nuevo pronto! Aya

Hola, Aya: ☺

Les envío a Omar y a ti una foto de mi equipo de *softbol.* Estoy parada sobre el *home* vestida con un uniforme gris y negro. Soy buena bateadora. He bateado tres jonrones este año. ¡El año pasado mi equipo ganó casi todos los partidos!

Me gusta dar una vuelta en bicicleta como precalentamiento antes de un partido. Hoy, vi tres lagartijas mientras paseaba en mi bicicleta. En el desierto viven muchas lagartijas. Parece que ver una lagartija antes de un partido es una señal de que mi equipo ganará.

Me pregunto si practicas un deporte, Aya.

¡Vuelve a escribirme! Elena

Querida Elena:

No practico deportes. Pero Omar intenta que juegue al fútbol con él y sus amigos del vecindario. Juegan justo enfrente de nuestra casa. A veces me acerco a alentar a mi hermano. Esta es una foto que tomé de uno de sus partidos. ¡Quizá algún día juegue!

En el oasis de Siwa también tenemos lagartijas. Me gusta observar cómo trepan por las paredes. A veces intento atrapar a una cuando toma sol, ¡pero siempre se escapan!

¡Disfruto de nuestros correos electrónicos! Aya

Compruébalo Describe en qué se parecen y en qué se diferencian las vidas de Aya y Elena en sus comunidades del desierto.

Comenta

1. ¿Qué crees que conecta los tres artículos que leíste en este libro? ¿Qué te hace pensar eso?

2. ¿Cómo brindan los cactus saguaros y los nopales un hogar y alimento a los seres vivos del desierto?

3. Describe cómo algunas plantas y animales están adaptados para vivir en una tierra tan árida como el desierto.

4. ¿Te gustaría vivir en una comunidad del desierto como las que leíste? ¿Por qué?

5. ¿Qué más te gustaría saber sobre los desiertos y las comunidades del desierto? ¿Cómo puedes aprender más?